RELATION

DES FAITS QUI SE SONT PASSÉS

A BORD DE LA BAYONNAISE

DU 23 AVRIL 1847 AU 7 SEPTEMBRE 1850

Répondant aux imputations dirigées contre l'abbé Lanfranchi, aumônier de la station de Chine, par M. Jurien-Lagravière, commandant, et l'état-major de la BAYONNAISE.

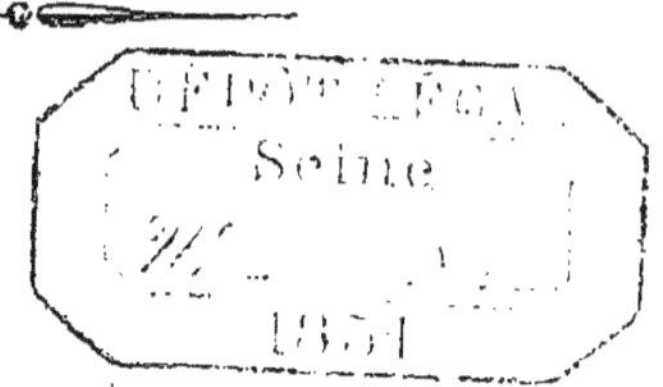

PARIS

IMPRIMERIE TYPOGRAPHIQUE DE BUREAU

RUE GAILLON, 14.

—

1851

Lorsqu'on est condamné à vivre si longtemps ensemble loin de la mère-patrie, vous comprenez, monsieur le Ministre, qu'on a surabondamment, de part et d'autre, le loisir de s'étudier et de se connaître. Aussi ces dénonciations, qui auraient surpris tout autre que moi, ne m'ont-elles paru que le complément naturel de la conduite peu charitable qu'on a tenue à mon égard et des amertumes dont on n'a cessé de m'abreuver durant notre longue et laborieuse navigation.

Je n'ai voulu avoir, d'abord, pour témoin de mes tortures, que celui qui, le premier, a donné aux hommes l'exemple de la résignation, de l'oubli et du pardon. Mais la patience humaine a ses bornes: poussé à bout, je me vois obligé, bien malgré moi, à rompre le silence, et à déchirer, à vos yeux, le voile derrière lequel se cachent bien des faits qu'il est de mon devoir de porter à votre connaissance.

Comment attribuer, sérieusement, à des scrupules pieux les dénonciations dont j'ai été l'objet de la part des officiers de la *Bayonnaise?* M'accuser d'irréligion, eux qui, pendant quatre ans que j'ai vécu à bord de la corvette, n'ont pas daigné assister un seul dimanche au saint sacrifice de la messe; eux qui, pour remplir ce facile devoir de chrétien, n'ont pu réussir à distraire, tous les huit jours, une demi-heure de leur temps précieux!

Un cousin de M. le commandant de la *Bayonnaise* est directeur général à votre ministère. C'est à lui qu'ont été remises les dénonciations dont je suis l'objet, et cet employé supérieur, mu par des scrupules de conscience, sans doute, étranger à toute arrière-pensée de népotisme, et ne soupçonnant pas même, j'en suis sûr, le piége qu'on me tend, croit qu'il aurait à se reprocher de laisser enfoui, dans ses cartons, ce lamentable tissu d'accusations honteuses. Il y a mieux : monseigneur l'Évêque de mon diocèse, dont on savait que je n'avais pas l'honneur d'être, personnellement, connu, se trouvant par hasard à Paris, on n'a rien de plus pressé que de le faire interroger par un tiers sur mon compte, et l'on a grand soin de le mettre au fait, en même temps, de ce qu'on appelle ma scandaleuse conduite. On va plus loin : on indique à Monseigneur « M. le commandant de la corvette » comme pouvant seul lui fournir les renseigne- » ments les plus positifs sur mon compte, *et on lui* » *recommande surtout de se méfier de tout ce que je* » *pourrais dire.* » Que pensez-vous, monsieur le Ministre, de cette étrange conduite, que je ne veux point me permettre de qualifier autrement ? Passons outre.

Appelé devant ses chefs hiérarchiques pour la même affaire, M. Jurien-Lagravière aurait fait valoir, m'assure-t-on, monsieur le Ministre, d'autres arguments. Il n'aurait plus été question d'immoralité comme devant mon Évêque, ou du moins l'immoralité, cette fois, aurait été reléguée au second plan. On m'aurait représenté comme un brocanteur, comme un esprit insupportable, que sais-je ; et ces graves accusations auraient été appuyées, dit-on, par M. Fort-Rouen, notre chargé d'affaires en Chine, par M. de Larmina, second de la corvette, par M. Duperré, attaché à votre ministère, et par tout l'état-major. Mais quelle foi ajouter aux témoignages de personnes ayant toutes en famille trempé dans le complot, ourdi contre moi, ayant machiné, de concert, l'immolation de la même victime ! Je regrette, monsieur le Ministre, que les outrages dont elles m'ont si longtemps abreuvé me forcent, malgré moi, à rompre le silence. Elles m'ont contraint à parler. Que la vérité brille, et que leur volonté soit faite !

Pour donner plus d'autorité à ces incroyables assertions, tout à coup un des intimes de M. le commandant se serait avisé, m'assura-t-on, de suggérer, indirectement à un des chefs, l'idée d'interroger secrètement, sur ma conduite à bord, quelques maîtres et contre-maîtres de la *Bayonnaise*, en ce moment-là, en service à Cherbourg. L'avis, on le pense bien, aurait été favorablement accueilli, et l on n'aurait pas manqué de faire d'avance la leçon à ces jeunes gens, qui doivent à M. Jurien-Lagravière leurs galons, et qui attendent de lui ou de ses amis leur avancement futur. On les aurait prévenus des réponses précises qu'ils auraient à faire si l'on procédait à une enquête sur mon compte. Ce que l'on prévoyait serait arrivé. Dans tous les cas, il était facile de prédire d'avance les réponses de ces marins, qui se trouvaient encore sous la main de M. le commandant.

« Toutes ces actives démarches auraient obtenu un autre succès : elles auraient rempli les mains du parent que M. Jurien-Lagravière a dans vos bu- reaux de pièces foudroyantes, assure-t-il, qu'il au- rait grand soin de dérouler sous vos yeux lorsqu'il serait question de moi, afin de pulvériser tous les souvenirs que j'invoque.

A cette enquête, vous me permettrez, monsieur le Ministre, d'opposer, à mon tour, une contre- enquête que j'ai été plus long à produire, et qui seule a retardé jusqu'à ce jour la rédaction de ce mémoire ; non qu'elle ait rencontré le moindre obs- tacle dans son cours, mais parce qu'elle a eu lieu bien loin de France, sans la moindre entente entre les parties qui y ont pris part, et qu'il m'a fallu du temps pour faire venir du fond de la Chine les quelques pièces justificatives que je transcris ici , et que j'ai hâte, on le pense bien, de livrer à votre haute appréciation , en attendant celles que je ne puis manquer de recevoir de divers autres pays avec lesquels les communications sont moins promp- tes et moins faciles.

J'ai été nommé le 9 juillet 1848, par S. S. le P. Pie IX , lorsque j'étais à Macao , missionnaire apostolique. Le 27 décembre de la même année, monseigneur l'Évêque de Macao m'a honoré de sa confiance et m'a accordé tous les honneurs atta- chés à la dignité sacerdotale.

Les lettres et certificats suivants que je viens de

recevoir en ce moment de ces contrées lointaines attestent suffisamment, n'en déplaise à mes détracteurs, que ma conduite a été ce qu'elle devait être.

Paris, le 8 juin 1851.

*A M. ***, Représentant du Peuple.*

Monsieur le Représentant,

D'après le désir que vous m'avez fait l'honneur de m'exprimer, j'ai pris auprès du supérieur de la mission de Singapour, actuellement au séminaire des Missions étrangères, à Paris, des renseignements concernant M. l'abbé Lanfranchi, aumônier de la corvette la *Bayonnaise*. Il résulte de ces renseignements que les faits avancés par cet ecclésiastique sont vrais. Ainsi, il est constant que M. Lanfranchi, au mois d'août 1849, a été hébergé par le missionnaire, et qu'il a réclamé son ministère pour se confesser.

Agréez, je vous prie, monsieur le Représentant, l'hommage de mon respectueux et entier dévouement.

J. SARREBAYROUZE,
Vicaire général d'Ajaccio.

Mon cher monsieur l'abbé,

J'ai reçu votre lettre du 16 février 1851. J'ai été sensible à votre bon souvenir. Je me suis empressé de prévenir M. Guillet que j'étais tout disposé à vous rendre le service que vous me demandez. Jusqu'ici on ne m'a pas présenté de certificat à légaliser. Soyez assuré que je me ferai toujours un plaisir de rendre témoignage de votre bonne conduite à Macao, toutes les fois que l'occasion s'en présentera. Je suis peiné qu'on vous suscite des tracasseries ; mais, vous savez que nous serons toujours dans ce monde exposés à la méchanceté des hommes, et que c'est en Dieu seul que nous devons toujours chercher notre force et notre consolation.

Je suis, monsieur l'abbé, avec estime, votre affectionné,

JÉROME,
Evêque de Macao.

Macao, le 20 avril 1851.

Macao, 24 avril 1851.

Mon cher P. Lanfranchi,

J'ai été vivement affligé, ainsi que mes confrères et nos sœurs, en apprenant par votre lettre les bruits que vous me dites qu'on a fait circuler sur votre compte. Je me suis hâté d'aller trouver monseigneur l'Evêque de Macao, qui a immédiatement contre-signé le certificat ci-inclus que vous m'avez demandé.

J'espère que tous ces bruits n'auront aucune suite fâcheuse, ni aucun désagrément plus sérieux. Croyez, cher abbé, que j'ai bien pris part à votre peine et que je vais bien prier pour vous. En attendant, donnez-moi de vos nouvelles, et je vous en donnerai des nôtres.

Tout va à l'ordinaire à Macao. — M. Allara est toujours ici; il va repartir pour l'Italie. M. Huc est aussi avec nous. Toutes nos sœurs vous saluent respectueusement, ainsi que moi, qui suis votre bien dévoué,

C. GUILLET,
Procureur des Missionnaires lazaristes, en Chine.

Ego infra scriptus Procurator Missionum St-Vincentii; a Paulo in Sinis, testificor R. P. Lanfranchi Capellanum Navis Bellicæ Gallicæ la *Bayonnaise*, toto temporé quo Macaï in Domo nostrâ remansit, piis exercitiis regulariter vacasse et in omnibus Sacerdotaliter vixisse.

C. GUILLET.
Proc.

Macaï in Sinis, die 24 a aprilis 1851.

In obsequium veritatis nos D. Hieronymus Joseph da

Matta, Episcopus Macaonensis, ut verum agnoscentes superius testimonium, fidem nostram interponimus R. P. Lanfranchi donec in his regionibus Sinæ vixisset virum semper probum atque pium invenimus. In quorum fidem has litteras, manu nostrâ firmatas, sigillo nostro munivimus.

HIERONIMUS,
Episcopus Macaonensis.

Macaï, die 24 aprilis an 1851.

Que pensez-vous, monsieur le Ministre, de certificats si spontanément délivrés et revêtus d'aussi honorables signatures? Croyez-vous, dans votre impartialité, qu'ils ne sont pas de poids à contre-balancer les dénonciations de l'état-major de la *Bayonnaise*, de la légation de Chine, et les attestations obligées de quelques maîtres et contre-maîtres de la corvette?

Pour vous, monsieur le Ministre, comme pour tout homme de bonne foi, il est incontestable que ces certificats, dont les originaux sont en mon pouvoir, renversent de fond en comble l'échafaudage de dénonciations sur lequel on comptait pour ternir ma réputation et la souiller de tous les scandales de bord, auxquels les vrais coupables savent mieux que moi combien je suis étranger.

Après une justification aussi honorable, aussi complète, venant de si haut et de si loin, tombant de bouches aussi pures et aussi saintes, il semblerait oiseux, au premier aspect, de suivre dans leurs obscurs détours les inqualifiables calomnies dont on a cherché à me rendre victime. Mais il est de mon devoir, monsieur le Ministre, pour compléter ma justification, de contempler face à face, de saisir corps à corps ces odieuses dénonciations, afin d'en démasquer le véritable but. Des faits qu'elles ont eu la prétention de révéler, il en est un, entre autres, que ma conscience ne me permet pas de taire. On m'a accusé d'avoir fait le commerce à bord.

Cependant, s'il en avait été ainsi, pourquoi M. le commandant aurait-il toléré un semblable trafic, honteux de la part de tout fonctionnaire, immoral surtout chez un homme revêtu, comme moi, d'un caractère sacré? Et si M. le commandant l'avait toléré, comment essaierait-il, aujourd'hui, de se soustraire au reproche mérité d'avoir manqué à son devoir, et, en y manquant, d'avoir encouru un blâme mille fois plus sévère que moi? Car je n'ai pas besoin de vous apprendre, et vous savez mieux que personne, monsieur le Ministre, qu'aux termes des règlements maritimes, tout trafic quelconque est formellement interdit sur les bâtiments de guerre français sous les peines les plus rigoureuses, et que le chef qui tolérerait une pareille infraction courrait grand risque, s'il était découvert, de passer immédiatement par un conseil de guerre.

Est-ce qu'il y aurait eu réellement trafic dans cette opération de vin de Campêche qu'on nous vendit à Manille, et que l'état-major, qui ne pouvait le boire, céda à M. l'abbé Manuel, curé d'Agatha, archipel des Mariannes, en se permettant de l'affubler subrepticement de l'étiquette menteuse de vin de Bordeaux pour l'échanger contre d'excellent vin blanc d'Espagne? Mais, en vérité, je me sens tout confus d'avoir à enregistrer ici de pareils tours d'écoliers et à consigner dans ma défense d'aussi pitoyables enfantillages. Hâtons-nous d'arriver à ce qui me concerne.

A notre passage à Bahia, j'achetai dix bouteilles de liqueur à mon usage pour la campagne qui s'ouvrait. Au cap de Bonne-Espérance, on nous offrit du vin de Constance. Comme tout le monde, comme M. le commandant lui-même peut-être, je cédai au désir d'en acheter quelques bouteilles dans l'intention, fort excusable, d'en faire cadeau, plus tard, à des amis de France; mais tout l'état-major, tout l'équipage se le rappellent, ma cabine était fort étroite, et les trois missionnaires qui l'occupaient avec moi en restreignaient encore l'espace. Il me fallut donc nécessairement me défaire de la liqueur de Bahia pour caser le vin de Constance sous ma couchette. Le capitaine d'armes se trouvait chez moi lorsque je lui fis part de mon embarras. Il m'offrit ses services; je lui cédai ces bouteilles. Je ne sais qui alla proposer alors à M. le commandant de les acheter, non pas au prix qu'elles m'avaient coûté et auquel je venais de les céder, mais à cent pour cent de bénéfice. M. Jurien-Lagravière m'en parla à table; je lui expliquai franchement tout, et je repris ma liqueur.

A Rio-de-Janeiro, j'achetai, avec plusieurs personnes de la *Bayonnaise*, des cigarres destinés à notre consommation jusqu'en France. La douane les saisit à l'embarcadère, prétextant que, pour les embarquer, il fallait une autorisation de notre consul. Je revins avec cette autorisation, et les cigarres nous furent rendus.

Le même jour, dans l'après-midi, je revins à terre pour remercier les Pères italiens de l'hospitalité fraternelle qu'ils m'avaient accordée durant mon séjour dans cette ville. J'emportai, pour les leur offrir comme faibles témoignages de ma reconnaissance, un *Nouveau-Testament* en français, quelques images de choix et six porte-cigarres de Manille que je tenais à la main. Arrivé sur le quai, je vis que M. de Beaurepaire, un de nos élèves, était aux prises avec la douane pour un nécessaire de Chine qu'il avait descendu, et dont il voulait faire cadeau à sa cousine, dame d'honneur de l'impératrice. Je volai à son secours. Les agents du fisc, contrariés sans doute de mon intervention, saisirent aussitôt mes porte-cigarres et mes images ; mais, sans perdre une minute, j'allai me plaindre à leur directeur, et tout me fut rendu. Au fond, les douaniers brésiliens n'avaient nullement le droit de s'emparer d'objets de curiosité destinés à des cadeaux, et provenant d'un bâtiment de guerre.

Dans la même capitale, un compatriote me fit présent de quelques oiseaux empaillés ; je lui offiis, en échange, quelques coquillages de rebut pour son jardin. Nouvelle transaction commerciale! Qu'en dites-vous, monsieur le Ministre?

Tels sont pourtant les misérables faits que l'on a osé m'imputer à crime, après les avoir dénaturés à plaisir. Il m'est pénible d'avoir à rappeler d'aussi pitoyables niaiseries. Je n'en finirais pas si je voulais suivre l'accusation dans tous ses replis. Elle même me fournirait de bien curieux arguments sur la conduite de l'état-major et de certaines personnes attachées à la légation dans ces misérables circonstances.

Et pourtant, par une inconséquence que je ne m'explique pas, quinze jours avant notre départ de Macao pour la France, M. le commandant lui-même, si j'ai bonne mémoire, disait au R. P. Guillet, supérieur des Lazaristes de cette ville : « Je n'ai aucun grief à alléguer contre M. l'aumônier; je m'empresse même de reconnaître qu'il montre beaucoup de zèle et de charité dans l'exercice de ses fonctions; mais l'état-major a bien des reproches à se faire à son égard. » M. le commandant, pour me rendre pleine et entière justice, aurait dû ajouter que, dans cette guerre sourde poursuivie contre moi avec tant d'acharnement, l'état-major n'était que l'écho de la légation, aux ressentiments injustes de laquelle M. le commandant s'associait lui-même activement en sous-main.

Il est bon toutefois de vous faire remarquer ici, Monsieur le Ministre, que MM. Jurien-Lagravière, de Larmina et consorts n'étaient pas tout à fait dans l'erreur lorsqu'ils vous ont parlé de mon penchant et de mes habitudes pour le trafic. — En voici quelques preuves :

1° Par sa lettre du 16 juin dernier, M. le directeur de la Propagation de la foi de Lyon m'a accusé réception de 45 francs que j'avais donnés, le 29 décembre 1848, à M. l'abbé Feliciani, préfet apostolique de Hong-Kong (Chine), pour être versés à la caisse générale de cette œuvre.

2° Par sa lettre du 25 mai 1849, M. l'abbé Chauveaux proto-notaire apostolique dans la mission de Tchao-Ton-Fou, déclare avoir reçu de moi 50 francs pour l'œuvre de la Sainte-Enfance ; de plus, par sa lettre du 5 août 1850, dans laquelle il m'annonce son élévation à l'épiscopat, il m'accuse également la réception de 75 francs, que je lui avais envoyés pour la même œuvre.

3° J'ai donné, en 1849 et 1850, 80 francs à M. l'abbé Guillet, procureur des Lazaristes à Macao, pour l'achat de petits enfants chinois.

4° Je lui ai envoyé d'ici, en avril dernier, 100 francs, pour être partagés par égale portion entre lui et monseigneur Chauveaux. MM. les supérieurs de Saint-Lazare et des Missions-Etrangères, qui sont à Paris, pourront attester la vérité de ce fait.

5° Partout où nous avons été, partout où j'ai rencontré des missionnaires, j'ai toujours laissé un souvenir pour cette œuvre si éminente et si sainte.

Monseigneur l'archevêque de Chalcédoine, par sa lettre du 18 décembre dernier (j'étais alors à Cherbourg), me remercie des marques d'intérêt que j'ai données à ses Missionnaires des Sandwick et de Taïti, *qui en sont eux-mêmes reconnaissants*, ajoute-t-il.

Je regrette, Monsieur le Ministre, d'être forcé de livrer à la publicité ce commerce qui ne devrait être connu que de Dieu seul. Mais M. Jurien Lagravière et de Larmina m'y obligent. Que leur volonté soit faite ! Je désire qu'ils aient à se rendre témoignage d'un pareil trafic lorsqu'ils paraîtront devant Dieu.

Mes accusateurs me reprochent, en outre, d'avoir donné aux matelots des conseils contraires à la discipline et aux règlements maritimes.

Je regrette infiniment, monsieur le Ministre, qu'on m'oblige à aborder cette question délicate. Je le ferai, toutefois, avec une extrême réserve, ne touchant qu'aux points sur lesquels on me contraint à répondre.

Au passage du tropique, l'équipage témoigna le désir de boire de l'eau pure, et de recevoir tous les matins, à part, en sus de sa ration ordinaire, le vinaigre, la cassonade et l'eau-de-vie destinés à aciduler cette eau ; et, cependant, durant les trois années que nous sommes restés sous les zônes les plus pestilentielles du globe, les maîtres seuls ont obtenu la ration d'eau-de-vie.

Le 11 juin 1850, sur la dénonciation d'un matelot mécontent, M. le commandant ayant fait saisir dans les bagages d'un contre-maître un des nombreux journaux de bord, régulièrement tenu par des hommes de l'équipage, et dans lequel étaient minutieusement énumérées les injustices dont ils se prétendaient victimes, on y trouva que l'acidulage, vainement promis, n'avait pas échappé aux investigations du gaillard d'avant, qui ne manquait jamais de saisir l'occasion de s'épancher en plaintes peu flatteuses pour la délicatesse de M. le commandant Jurien-Lagravière et de son second M. de Larmina. Cette découverte inattendue occasionna un grand scandale à bord, et nul ne douta, un instant, que l'auteur malencontreux de cette relation ne passât immédiatement devant un conseil. Mais, à la grande surprise de toute cette population flottante, aucune punition ne fut infligée au contre-maître Noël, et, dès le lendemain, l'équipage eut sa double ration, qu'il continua, depuis lors, à recevoir sous toutes les latitudes.

Ce n'était là qu'une réparation partielle. Si le matelot français dépense souvent au retour, en enfant prodigue, ce qu'il a péniblement gagné au milieu des péripéties journalières de son rude métier, il sait parfaitement se rendre compte de ce qu'il gagne et le demander au besoin, respectueusement, à qui de droit, si on l'oublie. C'est ce que se permit de faire l'équipage de la *Bayonnaise* pour l'arriéré. Il supputa qu'il lui était dû cinq francs par tête. Cette circonstance réveilla en outre, dans son esprit, le souvenir d'autres privations dont il prétendait avoir été victime pendant notre longue et pénible navigation. Les murmures grossirent à bord, et de sévères punitions atteignirent ceux qui se plaignaient.

Dans leur perplexité, plusieurs s'adressèrent à moi comme à leur conseiller officieux, et je leur donnai pour avis de se taire, tous leurs murmures ne devant, selon moi, que leur attirer de nouvelles punitions, et la prudence, la sagesse, la discipline leur recommandant à la fois d'ajourner leurs griefs jusqu'à leur retour en France.

Voilà quelle fut ma conduite.

Ayant appris que M. le commandant faisait, à ce sujet, certaines démarches, je me déterminai à lui demander une première et dernière entrevue le jour de la Toussaint, vingt jours avant notre arrivée à Cherbourg. Elle me fut accordée, et, en sa présence, avec tout le respect, toute la déférence que je professe pour mes supérieurs, je crus ne pas devoir lui laisser ignorer que j'étais profondément affligé de sa conduite peu charitable à l'égard d'hommes condamnés, dès leur enfance, au plus rude des métiers, et qui ne cessaient de lui donner des preuves de dévoûment, de patience et de résignation.

Cette circonstance me fournit, à regret, l'occasion d'insinuer indirectement à M. Jurien-Lagravière le désir d'être dispensé, désormais, de l'obligation de m'asseoir à sa table. Peu de jours après

cette séparation, M. le commandant et M. de Larmina dirent à d'honorables voyageurs que nous
avions à bord, que l'état-major avait fait col-
lectivement contre moi un rapport à vous, monsieur le Ministre, ayant pour but, en m'accusant,
de réduire à néant les accusations dont je me se-
rais rendu coupable à l'égard de M. le commandant.

A notre arrivée à Cherbourg, M. de Larmina
fit circuler dans toute la ville, dans les salons, les
cafés, dans les rues même, une autre dénonciation,
dont j'étais victime, à votre adresse. Je n'ai fait
que répondre à ces calomnies dans l'intérêt de la
vérité.

M. Jacques Arago, que nous avons eu à bord
pendant six mois, sait, lui, tout ce qu'on a dit et
fait contre moi sur la corvette. J'ai invoqué son
témoignage; voici sa réponse :

Paris, 17 juillet 1851.

Cher monsieur Lanfranchi,

Les questions que vous me posez sont délicates, et si
j'y répondais avec toute la franche rudesse de mon caractère, quelques-unes des hautes têtes de la *Bayonnaise*
se courberaient, peut-être, devant moi.

Mettant de côté tout ce qui m'est personnel, et réser-
vant mes justes rancunes pour le livre que je publie, je
vous dirai que je vous ai toujours vu excellent pour l'é-
quipage, que celui-ci vous vénérait, et que si quelque
chose avait pu porter atteinte à votre caractère, c'est la
conduite inouïe de l'état-major à votre égard. Je ne l'ai

2

jamais vu assister à l'office divin, et, dans leurs conversations du gaillard d'arrière, tenues assez à voix basse pour être entendues de tout le monde, il y avait un tel désordre d'idées sociales et morales, que je me suis senti inhabile à les combattre.

Quant à M. de Larmina, lieutenant en pied de la corvette, je me rappelle parfaitement qu'il m'a dit vous garder une rancune vivace qui se traduisait, selon lui, par un mémoire spécial rédigé contre vous. Plus tard, le commandant a confirmé ses paroles; et j'avoue que, plus tard encore, il ajouta qu'il avait changé d'avis, et que l'attaque regarderait M. de Larmina et l'état-major.

Je ne transige pas ainsi, moi : j'aime mieux l'allure du lion que celle du renard; la ligne que je parcours est droite, tant pis pour les fous, les méchants ou les félons que je trouverai sur ma route!

Je parle de vous dans ma relation, vous saurez comment; faites de ma lettre l'usage qu'il vous plaira.

Je vous serre affectueusement la main.

J. ARAGO.

Je suis un turbulent, au dire de ces messieurs. Mais qui, plus que moi a donné, à bord, l'exemple de la résignation? Les faits qui vont suivre ne vous laisseront aucun doute à cet égard. Et d'abord, je m'abstiens ici, à dessein, de tout ce qui pourrait raviver le sentiment politique qui a joué, depuis le 28 février, le principal rôle dans cette *déplorable affaire*.

Nommé le 6 juin 1846, par M. de Mackau, aumônier de la station française dans les mers de l'Indo-Chine, j'hésitai dix grands mois à quitter ma paroisse pour me rendre à cet appel. Enfin, je me décidai à accepter ce poste de confiance, et j'allai m'embarquer à Cherbourg , sur la corvette la *Bayonnaise*, le 23 avril 1847. Nous avions à bord, vous le savez, monsieur le Ministre, la légation française de Chine. Dès notre arrivée à Falmouth, il m'était facile de voir que j'étais environné de méfiances. Au bout de quelques jours, j'en connaissais la cause : *On me considérait comme un agent secret du gouvernement chargé d'épier la conduite des uns et des autres !*

Cette découverte inattendue fut un coup de foudre pour moi. Vivement affecté du soupçon immérité dont j'étais l'objet, je songeai un moment à débarquer à Lisbonne ; mais un honorable officier de la marine française à qui j'ouvris mon cœur , m'engagea fortement à persévérer dans la voie qui m'était ouverte; il m'assurait qu'il connaissait particulièrement M. La Pierre, que nous allions rejoindre en Chine, et avec qui certainement je ne pouvais manquer de vivre en bonne intelligence.

Encouragé par ces conseils et dominé par le devoir, j'achetai de mes deniers, à Lisbonne, une bibliothèque catholique pour l'instruction de l'équipage, et je me décidai à continuer ma route. « Fais ce que tu dois, advienne que pourra ! » Mais dès le lendemain de notre départ, voulant faire chaque soir une courte prière à ces braves gens, je

reçus de M. le commandant l'ordre formel d'avoir
à renoncer à ce projet.

A Bahia (Brésil), monseigneur l'Archevêque de
cette ville m'entretint de la douloureuse position
de quelques-uns de nos compatriotes qui habitent
le pays. Il m'autorisa à tout tenter pour les rame-
ner dans le giron de l'Eglise. J'entrepris cette tâche
difficile et mes efforts furent couronnés du plus
éclatant succès. Toutes ces circonstances auraient
dû, certainement, dissiper les soupçons de l'état-
major et de la légation et me mériter quelques
égards. Il n'en fut rien, et je me vis bientôt
scandaleusement outragé dans la personne de mon
domestique. Permettez-moi de vous rappeler le fait;
il est assez curieux :

Deux jours avant mon départ de Bahia, je songeai, comme tous mes compagnons de traversée, à
faire quelques provisions particulières, non seule-
ment pour moi, mais pour les trois missionnaires
qui étaient devenus mes hôtes.

Pour acheter ces provisions, j'avais nécessairement besoin de l'assistance de mon domestique, et
je me mis en devoir d'aller demander au lieutenant la permission de l'emmener à terre. M. de
Larmina reposait en ce moment. Craignant de le
déranger, je priai le capitaine d'armes, la seule
autorité qu'il y eût alors sur le pont, de le prévenir, quand il se réveillerait, de la démarche que
j'avais voulu faire auprès de lui et de ma des-

cente à terre avec mon homme. A trois heures, nous étions de retour.

Le lendemain matin, sans me prévenir de rien, on vint chercher mon domestique dans ma chambre, on fit déshabiller ce pauvre garçon de vingt-cinq ans, et on lui asséna sur le dos une grêle de coups de corde pour s'être permis, lui disait-on, d'aller à terre sans s'être muni préalablement d'une permission de ses chefs. En vain le malheureux jeune homme chercha-t-il à justifier sa conduite et la mienne ! en vain en appella-t-il à mon témoignage ! Tout fut inutile ! Il lui fallut subir l'inique sentence, il lui fallut se soumettre à l'ignominieux châtiment !

Ce châtiment, je le considérai à bon droit, Monsieur le Ministre, comme une injure personnelle dont je m'empressai de faire part au supérieur des Missionnaires, que nous avions à bord, et qui était mon directeur. Je lui déclarai au tribunal de la pénitence que j'avais plus que jamais besoin de ses lumières pour diriger ma conduite dans les circonstances difficiles où je me trouvais.

« Je ne crois pas, lui dis-je, pouvoir ni devoir rester davantage à bord, en présence des méfiances odieuses qui m'environnent, en face des humiliations dont ma personne et mon caractère ne cessent d'être abreuvés. Je suis décidé à ne pas aller plus loin et à débarquer ici. »

« Si vous deviez rester jusqu'au retour en France à bord de la *Bayonnaise*, me répondit avec bonté

le Révérend Père, j'approuverais votre résolution,
je vous engagerais même à y persister. Mais une
frégate vous attend à Macao. C'est là que la Pro-
vidence vous envoie. Vous devez continuer votre
route vers la Chine, avec l'espoir d'y rencontrer
des hommes qui vous fassent oublier vos souffrances, vous dédommagent de vos sacrifices et vous
ménagent, peut-être, quelques consolations dans
l'avenir. »

A ces paroles paternelles, je ne résistai plus :
j'obéis.

En vain allèguerait-on que c'est par erreur que
mon malheureux domestique a été ainsi flagellé à
la sourdine dans les oubliettes de fond de cale.
Pareille supposition est inadmissible... Tout le
monde savait à bord, et le capitaine d'armes le premier, que j'étais allé à terre ; tout le monde m'a-
vait vu revenir dans une embarcation du navire
chargée d'oranges, et avait remarqué que nous
étions restés plus d'un quart d'heure avant de pouvoir accoster, tant était grande l'affluence de ceux
qui rentraient, comme nous, avec des provisions.

Mais admettons la possibilité d'une erreur, seule
planche de salut de ceux qui m'avaient voué, je ne
sais trop pourquoi, cette sourde haine à mort, il
est certain que, si l'on avait eu quelque reste de
considération pour moi, on aurait suspendu l'i-
gnoble flagellation de mon pauvre domestique, jusqu'à ce qu'on eût pu examiner à fond la vérité ou

la fausseté des raisons que, dans son anxiété, il faisait valoir en désespoir de cause pour essayer de se soustraire à ces ignominieux coups de corde! Or, il n'en fut rien; l'on ne m'en instruisit, comme par dérision, qu'après le sacrifice consommé, et lorsqu'il n'était plus en mon pouvoir de détourner du patient cet amer calice. Quelle fut ma conduite dans cette triste circonstance? Je me bornai à dédommager ce pauvre jeune homme de la flagellation dont j'avais été l'innocente cause, et, pour ne pas l'exposer à en recevoir une nouvelle, je me constituai mon propre domestique pendant six mois, époque où je tombai malade.

M. de Mackau avait alloué six francs par mois à l'enfant de chœur sacristain de la chapelle du bord. Mon domestique remplissait cette double fonction. Longtemps néanmoins cette indemnité a été comptée à un *calier* et à un *gabier* que je n'ai jamais eus à mon service. Je n'eus connaissance de ce passe-droit qu'à notre arrivée à Macao; je m'en plaignis et justice me fut rendue.

Au cap de Bonne-Espérance, M. le commandant, dans un tête-à-tête avec moi, eut la franchise de me dire qu'il avait peu de sympathies pour les Corses. Ainsi, d'un côté, M. le commandant n'aime pas les Corses; de l'autre, la légation et l'état-major me soupçonnent d'être un agent secret du gouvernement, à bord. Quels service pouvais-je espérer de rendre, étant méconnu et suspecté de la sorte?

Pendant que nous étions à Amboine, le Résident de la province mit à la disposition de M. le commandant, toutes les chaises à porteur de la ville pour une excursion curieuse dans la montagne. Je fus le seul à bord qui n'eut pas l'honneur d'être invité à cette promenade.

Le cuisinier de M. Jurien-Lagravière tomba dangereusement malade dans ces parages. Son maître me défendit d'approcher le moribond ; *il prétendait que ma seule présence était capable de l'effrayer et de le conduire au tombeau.*

La présence d'un prêtre au lit d'un malade était le cauchemar de ces Messieurs; ils en parlaient toujours avec frayeur.

Pour ménager encore cette susceptibilité, à mes yeux peu excusable, je le surveillai à distance avec le révérend père Brouillon. Fort heureusement le pauvre cuisinier revint à la vie.

Encore un fait plus scandaleux qui ne se passa que deux ans plus tard, mais sur lequel je ne saurais ici garder le silence, à cause de son analogie avec celui qui précède :

En décembre 1849, peu de temps avant notre départ pour la France, j'allai faire une retraite spirituelle chez les Révérends Pères Lazaristes de Macao. Le cinquième jour de nos exercices, M. le commandant se présenta à la porte du couvent; il insista pour me voir, il voulut à toute force me parler, et il m'annonça qu'un de nos officiers était à toute extrémité. Je me hâtai de le suivre à bord, heureux d'apporter au moribond les consolations de mon ministère. Mais là, on me défendit d'approcher du malade dont le danger n'était pas pressant. Le lendemain, cependant, le mal empirant, j'allai trouver M. le commandant; je lui représentai que, pour le salut de cette pauvre âme qui s'en retournait à Dieu, il était de toute nécessité que je visse cet officier. M. Jurien-Lagravière réitéra sa défense formelle. J'insistai, et voici ma réponse textuelle, M. le commandant ne la niera pas :

« Si vous considérez, commandant, comme une faiblesse de ma part, la prudence et la réserve que je ne cesse de mettre en usage pour ménager votre susceptibilité, je dois consciencieusement vous le dire, vous êtes dans l'erreur. Sachez, une fois pour toutes, que, quand il s'agit de remplir les devoirs de mon ministère, vous n'avez aucun droit sur moi. Dussiez-vous faire braquer tous vos canons de bord aux portes du carré, je ne reculerai que devant la force, et je protesterai contre. »

Ce langage déconcerta M. Jurien-Lagravière, qui fit venir le docteur et lui demanda une déclaration écrite constatant que ma présence pourrait être funeste au malade. Cette déclaration, le docteur crut devoir la refuser. Il ajouta cependant, verbalement, que le malade, qu'il connaissait de longue date, lui avait toujours dit qu'il ne croyait à rien, et qu'il ne voulait jamais voir aucun prêtre au lit de sa mort. Alors M. le commandant alla conférer avec les officiers. Désirant couper court à tout scandale, je lui demandai un canot et courus chercher moi-même à terre le Révérend Père Guillet. Fort heureusement à notre retour, l'officier se trouva mieux et tout finit là.

Je reviens à l'historique de notre voyage. Macao était devant nous. J'espérais toucher au terme des humiliations dont on m'abreuvait depuis huit mois. Je n'en étais, hélas ! qu'au début. Le naufrage de la *Gloire*, à bord de laquelle je devais m'embarquer, me jeta de nouveau dans une cruelle perplexité. Le Révérend Père Brouillon, qui jusqu'alors m'avait exhorté à la patience, fut le premier à me conseiller d'abandonner la corvette pour le suivre dans les missions. J'y consentis et je fis part à M. le commandant de ma détermination. Mais lui, loin d'approuver un projet qui me permettait de quitter enfin un poste dispendieux pour l'Etat et aussi gênant pour lui que pour moi, chercha à m'intimider en me déclarant que si je débarquais il me considérerait comme un déserteur et mettrait à mes trousses le commissaire et ses agents. Toutefois, M. Jurien-Lagravière, s'apercevant bientôt que ses menaces faisaient sur moi peu d'impression, revint à des sentiments plus humains, plus équitables à mon égard. Il me dit que la *Reine-Blanche*, partie de France pour venir nous rejoindre, ne pouvant tarder à paraître dans les eaux de Macao, il était de l'intérêt de l'équipage d'avoir un aumônier à bord. M. La Pierre m'ayant tenu le même langage, j'en conférai avec les Missionnaires qui se trouvaient encore chez les Révérends Pères Lazaristes, et, d'après leur commun avis, je me décidai à rester à bord.

C'est ici le moment d'évoquer une circonstance identique à celle dont nous venons de nous occuper, afin de les analyser ensemble et d'en tirer les mêmes conséquences.

Lorsque nous étions dans les mers de Java, M. le commandant eut un beau jour, par extraordinaire, la franchise de m'inviter à quitter la *Bayonnaise*. Il m'offrait de me payer, aux frais de l'État, mon passage sur un navire marchand qu'il espérait trouver en rade de Batavia prêt à faire voile pour l'Europe. Vous vous rappelez peut-être à ce sujet, monsieur le Ministre, que de Batavia nous devions nous rendre à Singapour, où nous nous attendions à trouver des ordres pour rentrer en France sans avoir besoin de retourner en Chine.

Il paraît que M. le commandant ne comprit pas bien ma réponse, car trois mois après (en décembre 1849), époque où il attendait d'un moment à l'autre son rappel, il me réitéra la même offre. Mon refus énergique ne lui suffisant pas, il s'adressa au R. P. Guillet pour le prier de me faire la même proposition. Dans quel but M. le commandant insistait-il donc, avec tant de persévérance, pour me déterminer à quitter son bord à la fin de la campagne! Et pourquoi m'avait-il menacé de tant de manières, lorsqu'en janvier 1848, au début de notre navigation, je parlais de débarquer? Le moindre bon sens suffit, ce me semble, pour faire concorder ces deux opinions en apparence si contraires, et pour mettre à nu, dans l'une et dans l'autre, la même tactique de M. Jurien-Lagravière à mon égard.

Dans la première hypothèse, je pouvais débarquer avec honneur, avec dignité, et rendre quelques services dans les missions; mais alors on aurait diminué le budget de M. le commandant des 7,000 fr. annuels que le gouvernement lui allouait pour mes frais de table, et il n'est pas tout à fait impossible que l'intérêt n'entrât, à son insu, pour quelque chose dans les menaces dont j'étais l'objet de sa part.

Dans la seconde hypothèse, M. le commandant n'ignorait pas qu'étant lui-même à la veille de quitter la station, je ne l'aurais pas abandonnée pour m'embarquer sur un navire marchand. Si j'avais eu cette faiblesse, il ne se serait pas fait faute de s'autoriser, au besoin, de ce refus, et d'invoquer même le témoignage du R. P. Guillet, pour donner plus de poids à ses assertions et pour justifier sa conduite à mon égard, si tant est qu'elle fût justifiable. Si, en définitive, lassé de ses persécutions, j'avais pu m'oublier au point d'accepter son offre, M. Jurien-Lagravière aurait habilement profité de mon étourderie pour faire retomber sur moi tout l'odieux des scandales de bord.

Ce plan, que je ne me permettrai pas de quali-

...fier, monsieur le Ministre, n'était pas l'œuvre de
M. le commandant seul; il avait été élaboré en famille à la légation, en présence de MM. de Larmina
et Duperré.

Si M. Jurien-Lagravière avait eu à cœur de faire
respecter, à bord, mon caractère et ma personne,
il lui eût suffi d'user, selon son droit et son devoir,
de l'autorité dont il était revêtu : un *je veux* bien
net, bien tranché, sorti de sa bouche, aurait immédiatement rétabli l'ordre, la discipline, et rendu
toute sa liberté, toute son influence à mon ministère. Mais ce *je veux*, je le dis à regret, M. le
commandant n'a jamais eu la force ni le courage de
le proférer. Cédant aux volontés toutes-puissantes
de MM. Rouen, de Larmina, Duperré et autres, il
a laissé s'envenimer sur sa corvette un scandale
dont il n'a pas été le dernier à donner le déplorable exemple à Bahia et ailleurs. Ce rôle, qu'à
son retour en France, il a joué contre moi, avec ses
conseillers intimes, explique suffisamment aujour-
d'hui quel était alors leur but.

Arrivé à Oimpoux, près de Canton, M. Jurien-
Lagravière devait, avec M. Forth-Rouen, se rendre
chez le vice-roi, entouré d'un nombreux cortége
pris dans la légation, dans l'état-major et dans l'é-
quipage. C'était pour moi une excellente occasion
de savoir enfin au juste quelle conduite j'avais désormais à tenir à leur égard. Je résolus d'en profi-
ter. Contre mes habitudes, je demandai à faire par-

tic de la députation. Après trois jours de délibéra-
tion, M. le commandant m'apporta une réponse
négative, basée sur ce que en ma qualité de prêtre,
je pouvais être un obstacle au succès de la mission. Que dites-vous, monsieur le Ministre, de ce
subterfuge? Le prétexte n'est-il pas bien choisi de
la part d'hommes qui vont en Chine dépenser des
sommes considérables dans le but presque unique
d'y installer des prêtres et de les y faire respecter?. . . . .

Pour moi, j'eusse complétement manqué à ma
dignité d'homme et de prêtre si j'avais pu me mon-
trer indifférent à un avertissement donné avec tant
de politesse, et attacher encore le moindre prix à
quelques rares manifestations d'estime dont je conti-
nuais à être l'objet, semblables aux dernières lueurs
que jette un feu qui s'éteint.

A partir de ce jour, monsieur le Ministre, je
m'éloignai de la légation et m'imposai à l'égard de
M. le commandant la plus prudente et la plus stricte
réserve.

Cette conduite, toute logique, toute naturelle,
acheva d'indisposer contre moi les chefs principaux
de la légation et de la station françaises; mais, en
fins politiques, ils surent dissimuler leur ressenti-
ment. Au fond, ils me considéraient de plus en
plus comme un agent dangereux, dont ils avaient à
se méfier sous tous les rapports. Pour déjouer mes
prétendus manéges d'espionnage, ils résolurent de

me priver de toute considération, de tout crédit, de me rendre odieux et méprisable à tout ce qui m'entourait. De fécondes imaginations se mirent aussitôt à l'œuvre. Le mot d'ordre fut donné sur toute la ligne, et, à partir de ce jour, j'eus cruellement à souffrir de l'oubli, sans excuse, de toutes les convenances sociales dans lequel certains personnages se laissèrent aller à mon égard, des honteuses méchancetés, des noires calomnies auxquelles je me vis en butte, calomnies et méchancetés qui se sont renouvelées à Paris, et toujours dans le même but. Quel plus affligeant spectacle que celui d'officiers de la marine française donnant, jusqu'à la fin de la campagne, ce triste exemple de scandale et d'indiscipline! Arrivai-je de terre? tantôt l'officier de quart quittait son poste pour ne pas être obligé de venir à ma rencontre ; tantôt, feignant d'accourir pour me recevoir, selon l'usage, il me tournait tout à coup le dos et s'en allait en haussant les épaules, sans compter mille autres impolitesses du même genre... Passons à des faits plus sérieux.

Pour ne pas vivre dans l'inaction pendant le court espace de temps que je croyais avoir à rester encore à bord de *la Bayonnaise*, en attendant l'arrivée de *la Reine-Blanche*, je sollicitai et j'obtins de M. le commandant l'autorisation de partager les modestes travaux de celui qui était chargé de faire la classe à l'équipage. Le succès dépassa mes espérances. Dès la seconde leçon, je comptais sur les bancs de l'école plus de soixante élèves. Leurs progrès furent sensibles, mais M. de Larmina, lieutenant de *la Bayonnaise*, jaloux de ces progrès, prétendit que si les matelots acquéraient de l'instruction, ils ne voudraient plus être marins. Là-dessus, il trancha la question par quelques coups de sifflet dont il fit retentir le navire pendant la classe. Cet appel suffit pour me faire abandonner de ces braves gens, stricts observateurs des lois sévères de discipline, et, à partir de ce jour, ma classe fut déserte.

Il en fut de même pour les instructions religieuses que j'avais l'habitude de faire, dans la batterie aux marins qui n'étaient pas de service. L'affluence augmentait de jour en jour; mais les instructions de l'humble prêtre qui enseignait à ses compatriotes les devoirs qu'ils avaient à remplir comme chrétiens et comme serviteurs de l'État n'étaient pas non plus du goût de tout le monde. Les mêmes coups de sifflet y mirent bon ordre, et les instructions religieuses cessèrent à mon vif regret et au détriment de nos matelots.

Privé de ces consolations qui charmaient mes loisirs, j'essayai de réunir dans ma chambre ceux de ces braves gens qui n'étaient pas de service. Comme un père de famille, je leur faisais la classe et le catéchisme. Mais l'autorité prétendit que ces réunions troublaient le repos de mes voisins, et elles furent interdites. Depuis cette époque, je dus me résigner à rester forcément inactif à bord de *la Bayonnaise*.

Telle était ma position sur la corvette quand la nouvelle de la révolution française parvint en Chine.

Si mes souvenirs sont fidèles, ce fut le dimanche 22 ou 24 avril que M. Jurien-Lagravière en eut connaissance, en rade de Macao. Immédiatement après la messe, il réunit dans sa galerie son état-major et les aspirants pour les dépêches qu'il venait de recevoir ; et moi, qui vivais avec lui, je fus le seul *à qui il n'en dit mot*. Cet événement, je ne l'appris que plus tard par la voix publique.

Ébranlé par toutes ces circonstances, je ne me fis plus illusion sur l'avenir qui m'était réservé à bord de *la Bayonnaise*, et j'allai offrir mes services au révérend père directeur des Lazaristes de Ma-cao. La position précaire dans laquelle il se trou-vait par suite des nouvelles qu'il venait de recevoir d'Europe, et la crainte qu'il éprouvait de n'avoir pas de quoi subsister avec ses frères, par suite des événements de février, l'empêchèrent, à son vif regret, de m'admettre dans sa congrégation. Mon-seigneur l'Évêque de ce diocèse lointain m'offrit alors un logement chez lui ; mais c'était une posi-tion transitoire, sans avenir : je crus devoir remercier l'obligeant prélat.

A si grande distance de ma patrie, sans appui, sans ressources, sans moyens d'existence, sans un ami, ne comprenant pas un mot des divers idiomes en usage dans ces contrées reculées, force me fut donc de céder encore au torrent qui m'entraînait. Contraint à bénir le sort que le ciel me destinait, je me résignai à rester à bord, avec l'intention bien arrêtée de n'avoir plus que Dieu pour témoin de mes souffrances. Cet engagement consciencieux, j'ai eu la force de le remplir durant quatre années consécutives, et je continuerais à le remplir encore, maintenant que nous avons tous revu le sol de la patrie, si je ne savais que l'injuste persécution dont je n'ai pas cessé, jusqu'à ce jour, d'être victime, se confiant de plus en plus dans ses faciles succès, travaillât en ce moment avec une recrudescence d'ardeur à mettre le comble à ses abominables calomnies, afin d'essayer de vous donner le change, monsieur le Ministre, sur ce qui s'est passé à bord de la *Bayonnaise*, et de deverser sur moi tout l'odieux du scandale dont mes persécuteurs ne se laveront jamais.

Pressé par tous ces motifs, j'ai dû, dans l'intérêt de ma personne et de mon caractère odieusement outragé, rétablir les faits dans leur état normal et les porter à votre connaissance, avec tout le respect que je dois à un des conseillers du chef de l'Etat. Mais je continue mon récit.

Peu de jours après avoir reçu la nouvelle de la révolution française, M. le commandant songea à quitter la rade de Macao. Où allions-nous? Personne ne le savait à bord, mais personne aussi ne l'ignorait à terre. Les confidents de M. Jurien-Lagravière avaient manqué de discrétion à l'égard de leurs hôtes.

Quoiqu'il en soit, nous partîmes à la sourdine. Un silence absolu régnait à bord ; la cloche, le tambour était muets. Une nuit sombre nous enveloppait. Enfin, M. le commandant se résoud à rompre le silence, et il fait part à l'état-major de la destination secrète de la corvette ; à moi seul il ne communique rien. Cette destination, si je n'en avais été informé confidentiellement à Macao, avant mon départ, je l'ignorerais peut-être encore.

Enfin, nous voilà aux Mariannes. Au port de San Luis d'A-Pras, M. Duperré, secondé par M. Foich, élève volontaire, donna, en ma présence, à un matelot des intructions dont le dénoûment devait m'affliger jusqu'au fond de l'âme. MM. Duperré et Foich s'étant retirés, le marin endoctriné réunit un certain nombre de ses camarades et se mit à danser avec eux devant moi des rondes indécentes qu'ils accompagnèrent de chants contre la religion et ses ministres, conçus en termes si repoussants qu'un magistrat municipal ne les eût pas tolérés dans les quartiers les plus corrompus de la commune la plus immorale de France.

C'est dans ces mêmes eaux qu'on abusa de la candeur d'un jeune élève pour lui faire commettre à mon égard une action dont il ne comprit ni la gravité, ni l'odieux. Embarqué avec moi sur une pirogue, il la dirigeait du côté de terre, lorsque arrivé près du rivage, dans un lieu sans danger, il

la fit chavirer tout à coup et me jeta violemment à
à la mer. L'état-major qui attendait ce scandaleux
dénouement était groupé sur le gaillard d'arrière,
ses longues-vues braquées dans notre direction et
il rit à gorge déployée de ma mésaventure dont il
était l'auteur,

Il y a quelques jours à peine un matelot de la
Bayonnaise a dit chez un des libraires du Palais
National, que ces messieurs avaient tiré au sort à
qui me jouerait ce mauvais tour. J'ignorais cette
circonstance.

Dans ce même mouillage, monsieur le Ministre,
notre commandant reçut d'un de vos prédécesseurs
une circulaire qu'il devait communiquer à tous les
officiers de bord, et dans laquelle ils étaient invités
à envoyer leur adhésion au nouvel ordre de choses.
Je fus le seul à qui elle ne fut pas communiquée,
le seul à qui cette adhésion ne fut pas demandée.

Devant la ville d'Amoï, en Chine, se passa un
scandale plus grave et plus affligeant encore : Ar-
rivés sur rade, un jeudi des premiers jours de
février 1850, nous apprîmes l'élection du prince
Louis-Napoléon Bonaparte à la Présidence de la
République. Le dimanche suivant, nous appareil-
lâmes de bonne heure, par un temps magnifique ;
mais un calme subit nous obligea de jeter l'ancre
de nouveau. Suivant l'usage, j'avais fait dresser un
autel dans la batterie pour y dire la messe. J'atten-
dais depuis une quart-d'heure, lorsqu'en descen-
dant du pont, M. Jurien-Lagravière passa tout près

de moi sans m'adresser la parole, et au lieu de faire battre, comme à l'ordinaire, le rappel dans la batterie pour annoncer que la cérémonie allait commencer, cérémonie d'autant plus obligatoire pour lui et son état-major, qu'il devait regarder ce jour comme une sorte de fête nationale et qu'il avait l'habitude d'y assister, ainsi que M. et madame Rouen et l'équipage. Il se fit servir à déjeuner et alla se mettre à table avec M. le chargé d'affaires et sa femme, n'étant séparé que par une toile de l'autel et du prêtre.

Revêtu de mes habits sacerdotaux, il ne m'était plus possible de reculer. Malgré ma répugnance, je me vis forcé de dire la messe au milieu du vacarme de l'équipage épars dans la batterie, et, à ce propos, je dois évoquer ici le souvenir de certains piéges qui m'ont été tendus depuis cette époque, pour essayer de réduire à néant les derniers vestiges de cette scène scandaleuse.

Durant notre traversée de Taïti et Rio-de-Janeiro, le lieutenant me faisait signifier tous les dimanches, par le chef de timonerie, l'ordre de m'abstenir de dire la messe, circonstance d'autant plus frappante, que, jusque là, pareille défense ne m'avait jamais été faite, même dans les jours les plus orageux de notre campagne. Précédemment, j'avais toujours décidé seul s'il était ou non possible de célébrer le saint sacrifice. On espérait, par cet excès de pouvoir, me forcer à passer outre et à causer du scandale. Il eût fallu être bien pauvre d'esprit pour ne pas éventer une aussi pitoyable ruse. Ces coups réitérés du lieutenant, grâce à Dieu, portèrent tous à faux.

Pendant notre séjour à Macassar, muni de pouvoirs exceptionnels que j'avais reçus de notre Saint-Père Pie IX, je fus invité à me rendre à la forteresse par une soixantaine de militaires catholiques qui y étaient casernés depuis longtemps et n'y avaient jamais reçu la visite d'un prêtre. Je leur dis plusieurs fois la messe, je leur fis des instructions, je baptisai des enfants; j'écoutai des confessions. Mon zèle, en un mot, y fut couronné du plus flatteur succès. Eh bien! ce zèle ne tarda pas à être indignement calomnié à bord de la *Bayonnaise.* D'infâmes caricatures, représentant un prêtre donnant la communion à des soldats, commencèrent à circuler à bord, encadrées de phrases ignobles que je rougirais de reproduire ici; elles furent même affichées au grand mât, et, ce qu'il y a de plus triste dans cette affaire, c'est que le metteur en œuvre de tout ce scandale, était le chef de timonerie de la corvette, qui depuis n'a pas été oublié de M. Jurien-Lagravière.

Plus tard, en rade de Macao, se présenta un cas bien plus affligeant encore pour un cœur chrétien. Notre capitaine d'armes était, depuis quelques mois, atteint d'une maladie mortelle; j'allais le visiter souvent. Un jour où, voyant sa dernière heure approcher, je me disposais à lui parler de confession, quelques confidents de MM. Rouen et Jurien-Lagravière se hâtèrent de me prévenir en l'engageant à repousser les exhortations que je tenterais de lui adresser; et, pour mieux le confirmer dans cette résolution, ils ne cessaient de lui apporter des verres de vin d'Alicante qu'ils puisaient dans le buffet du commandant. Instruit de cette odieuse manœuvre, je résolus de le surveiller, tout prêt à aller quérir un prêtre sitôt que le péril deviendrait imminent. Quel but se proposaient ces messieurs en agissant de la sorte? Voulaient-ils laisser mourir ce malheureux sans confession? Non. Pour vous développer, monsieur le Ministre, leur plan habilement combiné, je suis forcé de reprendre les choses de plus haut.

Pendant notre séjour à Batavia, M. le commandant alla faire une visite à monseigneur l'archevêque de cette ville, qui, né en Belgique, le reçut comme un compatriote et lui témoigna le désir de lui rendre sa politesse à bord de la *Bayonnaise*. M. Jurien-Lagravière, j'étais présent, parut flatté de cette prévenance et exprima au prélat le regret qu'il éprouvait de ne pouvoir se trouver, ce jour-là, sur la corvette; mais il se hâta d'ajouter qu'il donnerait des ordres à son lieutenant pour lui réserver, dans cette circonstance, un accueil digne de sa personne et de son caractère.

Et, en effet, l'archevêque aborda la *Bayonnaise* revêtu des insignes de sa dignité, et accompagné de son grand-vicaire; mais il ne reçut, à ma grande surprise, aucun des honneurs qui lui étaient dus, et M. de Larmina me dit que M. le commandant lui avait défendu de lui en rendre aucun.

Pourquoi cette défense? L'escadre hollandaise était mouillée tout près de nous... Les catholiques de Java gémirent de cette conduite étrange d'un officier supérieur de la marine française; les protestants en rirent....

A notre arrivée à Macao, un évêque français monseigneur Fourcade, était gravement malade chez M. Forth-Rouen. On craignait que je ne lui rapportasse ce qui s'était passé à Batavia. Pour détourner l'orage, on prit les devants, et on s'empressa de lui débiter sur mon compte de si absurdes calomnies, que le prélat, dont les facultés intellectuelles étaient considérablement affaiblies par une maladie intestinale qui le tenait, depuis six mois, aux portes du tombeau, dit un jour à table, chez notre chargé d'affaires, sans me connaître le moins du monde, que, si j'allais à Hong-Kong, il ne me permettrait pas de dire la messe.

Pour mieux le convaincre de ces calomnies, on prétendit qu'il y avait à bord un moribond qui repoussait obstinément mon ministère, c'était notre capitaine d'armes, et on pria l'évêque de venir, tout malade qu'il était, le confesser et sauver son âme. Alors, ajoutait-on, il lui serait facile de se convaincre par lui-même de la déconsidération générale dans laquelle j'étais tombé. Le prélat, malgré son état habituel de souffrance, ne balança pas

à se transporter sur la corvette et confessa le moribond.

Instruit, un peu tard, de ce qui s'était passé, je
courus chez l'évêque lui témoigner respectueusement ma surprise de la promptitude avec laquelle,
sans m'entendre, il avait cru le mal qu'on lui avait
dit de moi. Monseigneur, après m'avoir patiemment
écouté, se rendit le soir même, à ma grande surprise, chez le R. P. Guillet, et là, en sa présence,
je ne dirai pas qu'il m'offrit de charitables et paternelles excuses, c'eût été trop exiger de la part d'un
supérieur, mais, ce qu'il y a de certain, c'est qu'il
me fit comprendre qu'il était complétement revenu
des préventions injustes qu'on lui avait inspirées
sur mon compte.

Tels sont, monsieur le Ministre, les faits déplo-
rables sur lesquels j'avais à vous donner des ex-
plications. Aucun sentiment d'hostilité ni de ven-
geance ne m'anime dans cette démarche décisive,
que mon caractère et les fonctions dont je suis revêtu me forcent de tenter auprès de vous. Mais
après avoir été en butte, pendant quatre années
consécutives, à d'aussi incessantes persécutions, le
courage me manque pour boire jusqu'à la lie le
calice de honteuses calomnies dont on cherche encore à m'abreuver, afin d'achever de me perdre
dans votre esprit. Tout ce que je demande, c'est
que justice me soit rendue, et que vous seul déci-
diez, en dernier ressort, qui, de M. le commandant
de la *Bayonnaise* ou de moi, du persécuteur ou de

la victime, a manqué à ses devoirs dans cette lutte si longue et si inégale.

Plein de confiance dans votre sagesse et dans votre impartialité, j'ai l'honneur d'être, avec un profond respect et une sincère gratitude,

Monsieur le Ministre,

Votre très humble

et très obéissant serviteur :

l'abbé LANFRANCHI.

Paris, 20 juillet 1851.

Paris. — Typographie BUREAU, 14, rue Gaillon.